Ida Bohatta

Elfchen

arsEdition

Maienkäferlein

»Ach ewig«, flüstert Elfchen,
»könnt ich mich träumend wiegen
und so an Ihrer Seite,
Herr Maienkäfer, fliegen.«
»Das fehlte mir gerade,
Sie dürfen nicht vergessen,
ich lebe nicht vom Mondenschein,
will endlich Blätter fressen!«

Die Ähren

Über Felder, welche blühen,
streichts wie sanftes Wehen –
Elfchen sind es, die ganz leicht
über Ähren gehen.
Sammeln allen Blütenstaub,
streun ihn übers Feld,
dass das Korn bald golden reift
zum Nutzen aller Welt.

Die Rosenknospe

Sieh das Röslein, wies noch schläft,
will geweckt wohl werden.
Wie viele andre ruhen wohl
überall auf Erden?
Erwach, blüh auf, du zarter Kelch,
entfalte deinen Duft,
bis er schwebt so rein und klar
durch die Morgenluft.

Elfenhaus

Ich öffne ganz weit bei Sonnenschein
mein Häuschen den Bienen und Hummeln
und freu mich, wenn fröhliche Gäste
in meinem Häuschen sich tummeln.
Und mach es bei Regen ein wenig zu,
damit ich es sorgsam behüte.
Es ist ja von ganz besonderer Art,
mein Häuschen – es ist eine Blüte.

Abendläuten

»Klingklang, ich läute den Bienen heim,
klingklang, ich läute zur Ruh,
klingklang, und läute die Blumen in Schlaf,
klingklang, und was läutest denn du?«
»Ich hole die Schwärmer und Motten herbei,
ich rufe die Grillen zu ihrem Gesang,
ich wecke die Falter aus ihrem Traum
und läute zur Arbeit mit hellem Klingklang!«

Das Gänseblümchen

»Schlafe, mein Blümchen, schlafe ein!
Denn es haben bis zur Nacht
tausend kleine Blümchensorgen
dich ja so sehr müd gemacht.
Schlafe mein Blümchen, schlaf ein,
sollst ja früh erwachen,
weil schon viele Blümchenfreuden
dir entgegenlachen!«

Der Herbst

Das Elfchen winkt ade
der Sommerszeit.
Den zarten Schleier trägt
der Wind so weit,
legt ihn um meine Hand
so weich und lind –
Altweibersommer ists,
der weht im Wind.

Elfchenleben

Aus der ersten Krokusblüte
hab ich zitternd mich erhoben
als die Freude, aus dem Lichte
und dem Blumenduft gewoben.
Nicht ewig ist die liebe Freude.
Doch muss ich mit dem Nebel schwinden,
wirst du in den Krokusblüten
mich wieder neugeboren finden.

Ida Bohatta

Kleine Bilderbuchklassiker
in bibliophiler Ausstattung –
zum Anschauen und Vorlesen,
Sammeln und Verschenken.

ISBN 3-7607-6218-2

ISBN 3-7607-6219-0

ISBN 3-7607-6220-4

ISBN 3-7607-6221-2

ISBN 3-7607-6222-0

ISBN 3-7607-6223-9

ISBN 3-7607-6224-7

ISBN 3-7607-6225-5

ISBN 3-7607-6226-3

ISBN 3-7607-6227-1

ISBN 3-7607-6228-X

ISBN 3-7607-6229-8

ISBN 3-7607-6230-1

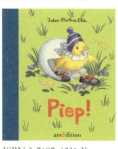
ISBN 3-7607-6231-X

ISBN 3-7607-6233-6

Ida Bohatta ist seit Generationen eine der meistgelesenen Kinderbuch-Illustratorinnen und -Autorinnen im deutschsprachigen Raum. Ungebrochen ist auch heute ihre Beliebtheit bei kleinen und großen Leserinnen und Lesern, wie die stete Nachfrage nach ihren über siebzig Büchlein Jahr für Jahr beweist. Zu Unrecht gehört »die Bohatta« zu jener Schar der KinderbuchmacherInnen, über die sich jede Illustrationsgeschichte ausschweigt, deren Geschichten aber über alle Stile und Zeiten hinweg nicht nur Auflage um Auflage erleben, sondern bisher auch in viele Sprachen übersetzt wurden.

Am 15. April 1900 wurde Ida Bohatta in Wien geboren. Nach ersten Erfolgen mit Kinderbuchillustrationen entstand im Jahr 1927 die Verbindung zum Verlag Ars sacra, heute arsEdition. Bild-, Postkartenserien, Fleißbildchen und die ersten Bilderbücher entstanden. Damit begann eine fruchtbare Zusammenarbeit, die bis zum Tode der Künstlerin am 14. November 1992 dauerte.

Anlässlich des 100. Geburtstages von Ida Bohatta im Jahr 2000 ehrt der Verlag arsEdition seine Illustratorin mit einer Neuauflage ihrer kleinen Bilderbuchklassiker. Unter Verwendung der Originalumschläge der Illustratorin und in bibliophiler Ausstattung werden die kleinen Bilderbücher zu einem begehrten Sammelobjekt für kleine und große Bohatta-Liebhaber.

Nach den Regeln der neuen Rechtschreibung

© 2000 arsEdition, München · Alle Rechte vorbehalten
Überarbeitete Neuauflage nach der Ausgabe von 1942
Redaktion: Daniela Filthaut
Ausstattungskonzept: Groothuis & Consorten, Hamburg
Umschlaggestaltung: Alberto Salamanca, München;
nach Originalentwürfen von Ida Bohatta
Herstellung: arsEdition, München
Printed in Germany · ISBN 3-7607-6232-8

arsEdition